कनिष्ठ शिक्षारथी

सब के बारे में कुत्ते

चार्लोट थॉर्न

www.thomasinemedia.com
आईएसबीएन: 979-8-8690-0101-6

कनिष्ठ शिक्षार्थी

सब के बारे में कुत्ते

चार्लोट थॉर्न

कुत्तों को अक्सर इंसान का सबसे अच्छा दोस्त कहा जाता है। वे अद्भुत जानवर हैं जो बहुत लंबे समय से लोगों के साथ रहते हैं।

कुत्तों को पालतू बनाने का सिलसिला ग्रे वुल्फ तक चला जाता है। पालतू बनाने का मतलब है कि इंसानों ने किसी जानवर को अपने साथ रहने के लिए पालतू बना लिया।

चयनात्मक प्रजनन के कारण, मनुष्यों ने कुत्तों के लिए विभिन्न प्रकार की नौकरियाँ पैदा की हैं!

प्राचीन मिस्र में, देवता अनुबिस का सिर सियार का था, जो कुत्तों से संबंधित जानवर था।

यूरोप की एक प्रसिद्ध गुफा पेंटिंग में प्राचीन मनुष्यों को प्राचीन कुत्तों के साथ शिकार करते हुए दर्शाया गया है।

युद्ध के दौरान, कुत्तों ने युद्ध जानवरों के रूप में काम किया और खतरनाक नौकरियों में सैनिकों की मदद की।

कुत्ते कैनिडे परिवार से हैं। कैनिडे परिवार में भेड़िये, लोमड़ी और अन्य जंगली कुत्ते भी शामिल हैं।

कुत्ते बहुत सी चीज़ों को सूंघ सकते हैं क्योंकि उनके पास 300 मिलियन रिसेप्टर्स होते हैं।

उनकी सुनने की क्षमता अविश्वसनीय है. वे उच्च-आवृत्ति ध्वनियाँ सुन सकते हैं जो हम नहीं सुन सकते।

दुनिया भर में कई मशहूर कुत्ते हैं।

लस्सी द रफ कोली किताबों, फिल्मों और टेलीविजन में एक आइकन है। वह अपने बचाव अभियानों के लिए जानी जाती हैं।

बाल्टो हस्की ने 1925 में पूरे अलास्का में एक स्लेज डॉग टीम का नेतृत्व किया। उन्होंने बीमार मनुष्यों को एक महत्वपूर्ण दवा पहुंचाई।

रिन टिन टिन जर्मन शेपर्ड सबसे प्रसिद्ध कुत्ता अभिनेताओं में से एक था, और उसे दुनिया का पहला कुत्ता फिल्म स्टार माना जाता है।

आइए कुत्तों की विभिन्न नस्लों पर एक नज़र डालें।

लैब्राडोर रिट्रीवर्स मिलनसार कुत्ते हैं। उन्हें पानी से प्यार है.

जर्मन शेफर्ड चतुर और मजबूत होते हैं। वे काम करने वाले कुत्ते हैं और उनमें सुरक्षात्मक गुण हैं।

गोल्डन रिट्रीवर्स चंचल, लोकप्रिय नस्लें हैं। वे सुंदर हैं और व्यक्तित्व से भरपूर हैं।

बुलडॉग झुर्रियों वाले और गठीले शरीर वाले होते हैं। वे स्नेही पिल्ले हैं।

बीगल जिज्ञासु कुत्ते हैं और शिकार में उपयोग किए जाते हैं। उनके कान फ्लॉपी होते हैं।

पूडल सबसे बुद्धिमान कुत्तों की नस्लों में से एक हैं, और इन्हें फैंसी कुत्तों के रूप में जाना जाता है।

रॉटवीलर शक्तिशाली कुत्ते हैं। वे प्यारे बच्चे हैं.

यॉर्कशायर टेरियर ऊर्जा के छोटे बंडल हैं। उनके पास लंबे कोट होते हैं और वे हैंडबैग में यात्रा करना पसंद करते हैं।

मुक्केबाज़ चंचल पिल्ले हैं। इनका सिर चौकोर होता है और ये सक्रिय रहना पसंद करते हैं।

दक्शुंड लंबे "हॉट डॉग" कुत्ते हैं, जो उन्हें अद्वितीय बनाते हैं। छोटे से शरीर के लिए उनमें बड़ा जज्बा है!

साइबेरियन हस्की स्लेज चलाते हैं और बहुत मुखर, मिलनसार कुत्ते हैं। उनकी भी चमकदार नीली आंखें हैं।

डोबर्मन पिंसर चिकने, मजबूत कुत्ते हैं। वे सुरक्षात्मक संरक्षक हैं.

शिह त्ज़ुस छोटे गोद वाले कुत्ते हैं। वे बहुत मिलनसार पालतू जानवर हैं।

ग्रेट डेन बहुत लम्बे कुत्ते हैं। वे बहुत प्यारे हो सकते हैं.

बॉर्डर कॉलिज फुर्तीले और स्मार्ट होते हैं। उनमें बहुत ऊर्जा है.

शेटलैंड शीपडॉग सुनने वाले कुत्ते हैं। वे अपने मोटे बालों के लिए जाने जाते हैं।

चिहुआहुआ छोटे होते हैं लेकिन उनके दिल बड़े होते हैं। जब उनका सम्मान किया जाता है तो वे मधुर होते हैं।

पेमब्रोक वेल्श कॉर्गिस छोटे लेकिन बड़े कान वाले होते हैं। आश्चर्य की बात यह है कि वे कुत्ते सुन रहे हैं।

सेंट बर्नार्ड्स अपने बचाव कार्य के लिए जाने जाते हैं। वे सौम्य दिग्गज हैं.

ऑस्ट्रेलियाई शेफर्ड स्मार्ट और फुर्तीले पालतू जानवर हैं। वे कुत्तों को चराने का काम करते हैं।

पग छोटे, झुर्रीदार प्यारे होते हैं। ये काफी चंचल लेकिन जिद्दी स्वभाव के होते हैं।

अलास्का मलम्यूट्स स्लेज कुत्ते हैं और ठंडी जलवायु में जीवित रह सकते हैं।

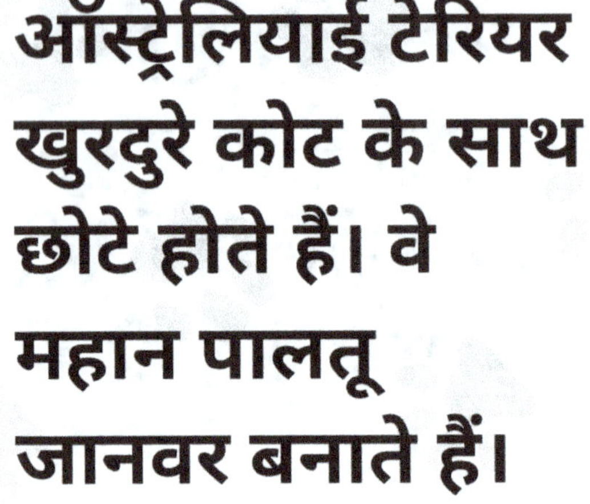

ऑस्ट्रेलियाई टेरियर खुरदुरे कोट के साथ छोटे होते हैं। वे महान पालतू जानवर बनाते हैं।

बेसेंजी में योडेल जैसी यॉवल्स होती हैं। वे बेहद स्मार्ट और स्वतंत्र कुत्ते हैं।

बिचोन फ्रिसेज़ बादलों की तरह दिखते हैं। इनका व्यक्तित्व प्रसन्नचित्त होता है।

ब्लडहाउंड्स के कान झुके हुए होते हैं और सूंघने की उनकी क्षमता बहुत अच्छी होती है। इनका उपयोग बचाव कार्यों में भी किया जाता है।

बोस्टन टेरियर्स के पास टक्सीडो कोट हैं। वे मिलनसार पिल्ले हैं।

कैवेलियर किंग चार्ल्स स्पैनियल के पास बेहतरीन व्यक्तित्व के साथ-साथ सुंदर कोट भी हैं।

कॉकर स्पैनियल के लंबे रेशमी कान होते हैं और उनमें क्लास की भावना होती है।

इंग्लिश मास्टिफ विशाल कुत्ते हैं! वे शांत और प्यारे हैं.

अकिता महान पालतू जानवर हैं। वे अपने मोटे फर के कोट के लिए जाने जाते हैं।

माल्टीज़ सुंदर छोटे सफेद कुत्ते हैं, और उन्हें ध्यान पसंद है।

बर्मी माउंटेन कुत्ते बहुत बड़े लेकिन बहुत कोमल होते हैं।

पोमेरेनियन रोएँदार छोटे कुत्ते हैं। उनका व्यक्तित्व साहसिक है।

रोडेशियन रिजबैक की पीठ पर बालों का एक "रिज" होता है। इनका उपयोग शिकार के लिए किया जाता है।

आयरिश सेटर्स सुंदर, जीवंत कुत्ते हैं। वे निवर्तमान सुंदरियां हैं।

पैपिलॉन के कान तितलियों की तरह दिखते हैं। वे मिलनसार प्यारी हैं।

व्हिपेट्स अत्यधिक तेज़ और बहुत फुर्तीले होते हैं, और अपने मनुष्यों के साथ सौम्य होते हैं।

शार-पेइज़ बहुत झुर्रीदार होते हैं। वे वफादार और सुरक्षात्मक कुत्ते हैं।

डेलमेटियन ऊर्जावान कुत्ते हैं और फायरहाउस के आधिकारिक प्रतीक हैं।

कुत्ते हर दिन इंसानों की मदद करते हैं।

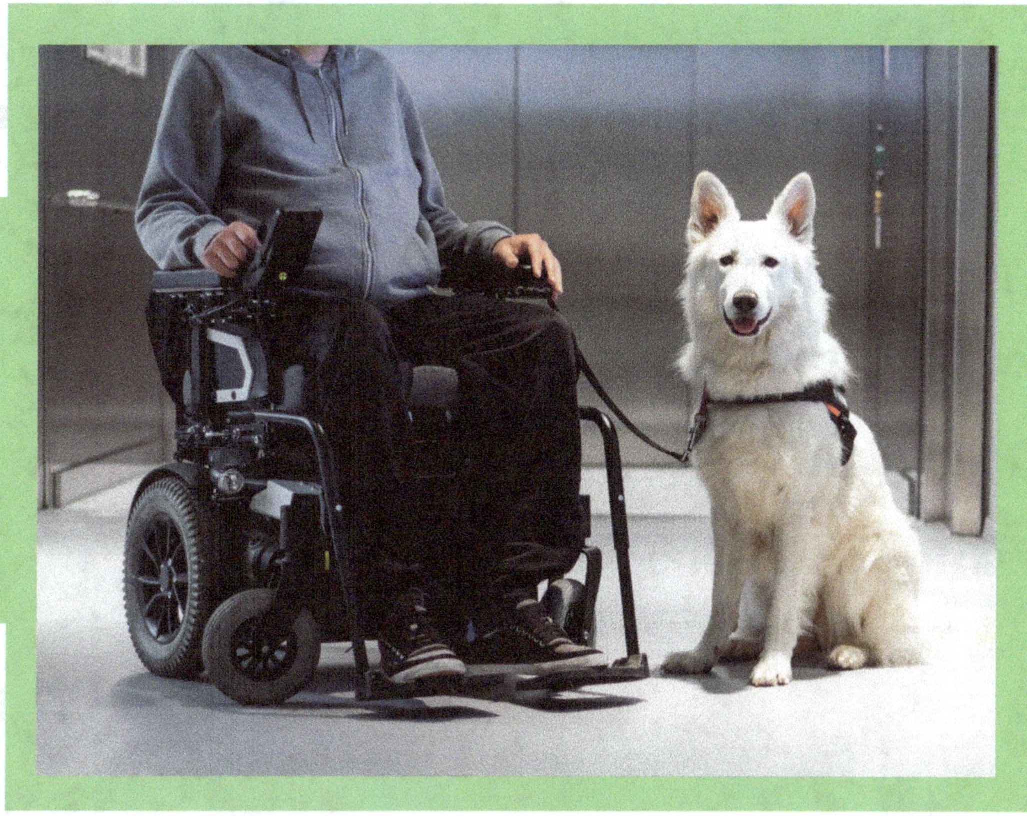

कई कुत्ते सेवा पशुओं के रूप में काम करते हैं, विकलांग लोगों की सहायता करते हैं।

खोज एवं बचाव कुत्ते आपदाओं के दौरान लापता लोगों का पता लगाने का काम करते हैं।

कुत्ते पुलिस के साथ कंधे से कंधा मिलाकर काम करते हैं। जो पिल्ले प्रशिक्षण में सफल नहीं होते, वे प्यारे परिवारों में चले जाते हैं।

थेरेपी कुत्ते अस्पतालों और सार्वजनिक सुरक्षा में लोगों को भावनात्मक सहायता प्रदान करते हैं।

कुत्ते हमारी रोजमर्रा की जिंदगी का अहम हिस्सा हैं. कुत्तों की देखभाल करना ज़रूरी है. वे न केवल मेहनती हैं बल्कि हमारे परिवारों के महत्वपूर्ण सदस्य भी हैं!

www.ingramcontent.com/pod-product-compliance
Lightning Source LLC
Chambersburg PA
CBHW081402160726
48000CB00010B/3452
9798869001023